日常事物怎樣來？

圖解日常事物的運作

莉比・德慈　著

維普利・卡圖拉　繪

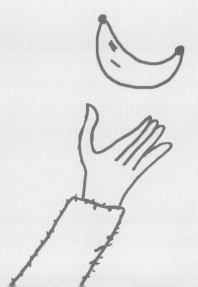

新雅文化事業有限公司
www.sunya.com.hk

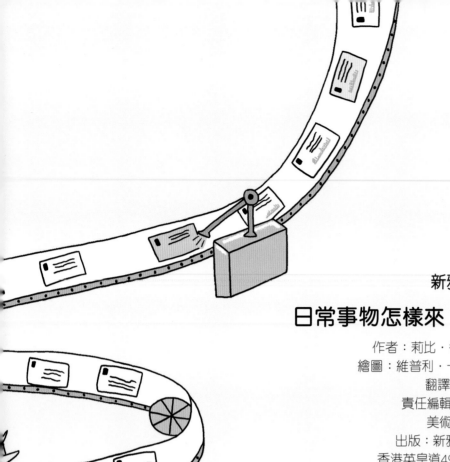

新雅・知識館

日常事物怎樣來？圖解日常事物的運作

作者：莉比・德慈（Libby Deutsch）
繪圖：維普利・卡圖拉（Valpuri Kerttula）
翻譯：Langchitect
責任編輯：林沛暘、趙慧雅
美術設計：王樂佩
出版：新雅文化事業有限公司
香港英皇道499號北角工業大廈18樓
電話：（852）2138 7998　傳真：（852）2597 4003
網址：http://www.sunya.com.hk
電郵：marketing@sunya.com.hk
發行：香港聯合書刊物流有限公司
香港荃灣德士古道220-248號荃灣工業中心16樓
電話：（852）2150 2100　傳真：（852）2407 3062
電郵：info@suplogistics.com.hk
版次：二〇一八年十二月初版
二〇二三年四月第二次印刷

ISBN: 978-962-08-7099-6
Originally published in the English language as *The Everyday Journeys of Ordinary Things*
Text © 2018 Libby Deutsch
Illustrations © 2018 Valpuri Kerttula
First published in 2018 by Ivy Kids, an imprint of the Quarto Group,
1 Triptych Place, London SE1 9SH, United Kingdom.
T (0)20 7700 6700　　F (0)20 7700 8066
www.QuartoKnows.com
Traditional Chinese Edition © 2018 Sun Ya Publications (HK) Ltd.
Published in Hong Kong SAR, China
Printed in China

FSC
www.fsc.org
混合產品
紙張｜支持
負責任的林業
FSC™ C016973

從**樹木**到**紙張**，

再把**意念**化成**文字**。

這本書跟你相遇前，

有過怎樣的經歷呢？

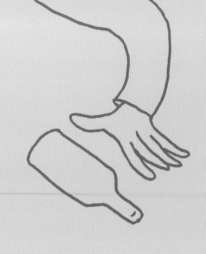

目錄

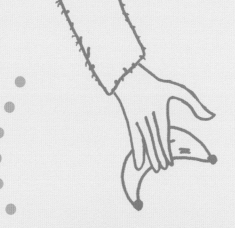

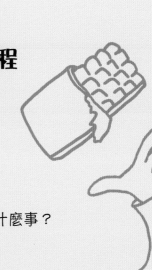

請閉上眼睛
想—想……

今天是周末，大清早起牀後，你便走進浴室。亮起燈，再打開收音機，竟傳來你最愛的歌曲。你一邊上廁所，一邊哼着那首歌。洗好澡後，你穿上褲子，走到飯廳吃早餐。今天的早餐是鮮奶麥皮，當你把牛奶倒進碗裏的時候，剛好有人把報紙投進你家信箱。你切了一些香蕉來吃，然後開啟電視收看你最喜歡的電視節目。

你可能會問，這些都是平常不過的事情，為什麼要特別提起呢？

其實要讓以上短短十五分鐘的日常生活片段順利發生，就需要世界各地的人或事物一起運作：有人把沉積數百萬年的泥土挖出來，為你提供燃料；有人種植棉花，給你造衣服；有人開動比三層樓還要高的大型機器，把木漿變成印刷報紙的紙張；電視和收音機廣播的電子資訊，在太空中來回傳送，並廣播至世界各地；還有你「排出」的便便，也需要別人處理和過濾；全球貿易正帶動巨額電子貨幣在世界各地高速流轉……你意識到這種種事情嗎？

我們每天接觸到的日常用品或服務，原來都走過一趟奇妙的旅程，才來到我們身邊。這些旅程無時無刻都在發生，意想不到吧？現在，請你看看你四周的事物，有沒有想過它們是從哪裏來？它們的旅程又是如何展開的呢？

當你察覺到這些「奇妙之旅」，你看這個世界的視野便從此不同了，感受也當然會不一樣啦！

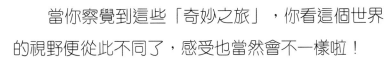

關於書中的機器

這本書裏出現不少機器，大部分都是按照機器原本的模樣來繪畫。有時候，這些圖像是用來顯示機器到底是怎樣運作的，例如右面的大磁石，便是其中一個好例子。

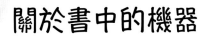

7

信件的奇妙旅程
郵件如何抵達我家？

如果有朋友要給你寄信，便需要一大堆人互相配合，還要找來飛機、大貨車和小貨車，才能把信件送到你手中。過程是這樣的：

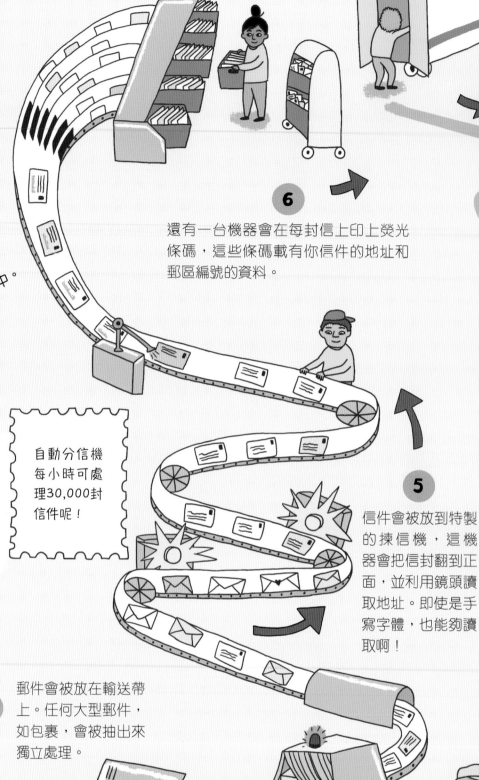

6
還有一台機器會在每封信上印上熒光條碼，這些條碼載有你信件的地址和郵區編號的資料。

自動分信機每小時可處理30,000封信件呢！

5
信件會被放到特製的揀信機，這機器會把信封翻到正面，並利用鏡頭讀取地址。即使是手寫字體，也能夠讀取啊！

1
首先，那位朋友在信封上寫上你的地址，貼上郵票，然後把信件投進郵箱。

4
郵件會被放在輸送帶上。任何大型郵件，如包裹，會被抽出來獨立處理。

郵政局

2
郵政人員收集郵箱內的所有信件，送到郵局。

3
貨車把各郵局的郵件運送到郵件處理中心。

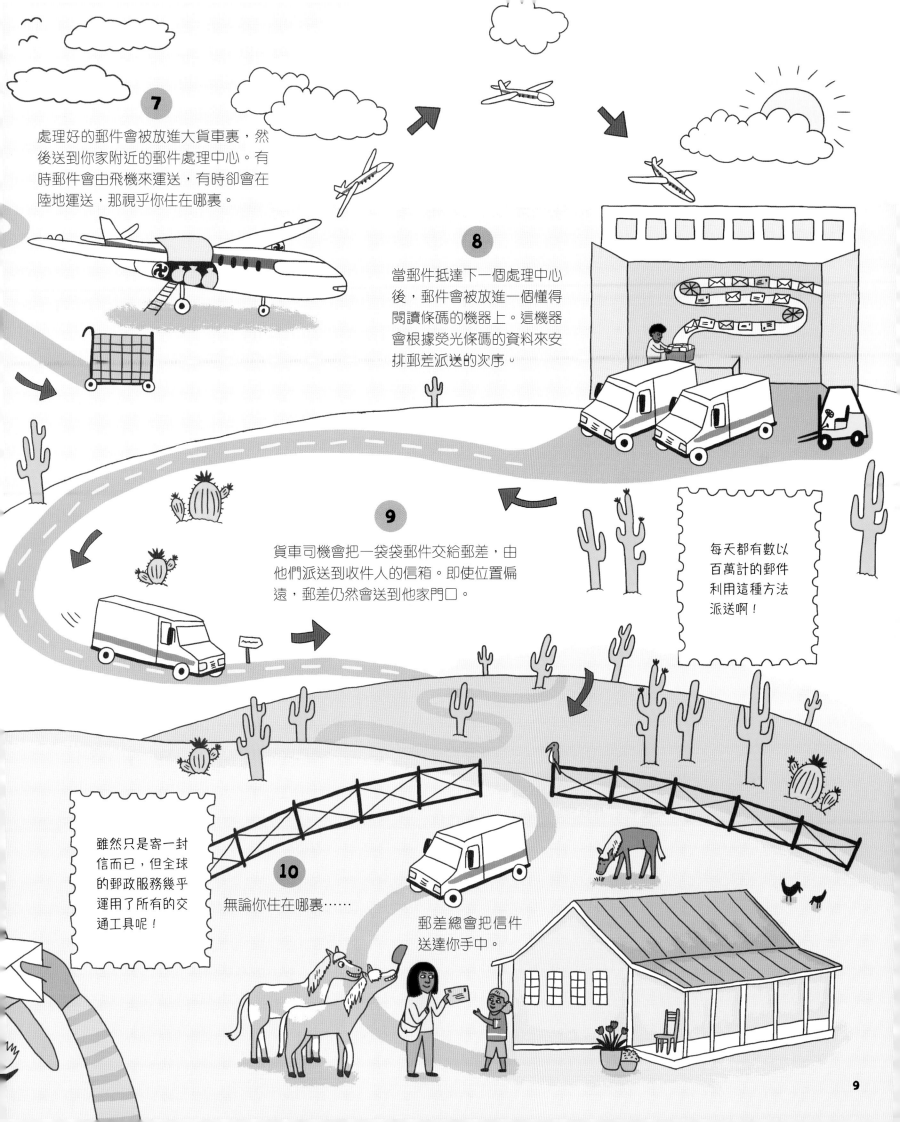

7

處理好的郵件會被放進大貨車裏，然後送到你家附近的郵件處理中心。有時郵件會由飛機來運送，有時卻會在陸地運送，那視乎你住在哪裏。

8

當郵件抵達下一個處理中心後，郵件會被放進一個懂得閱讀條碼的機器上。這機器會根據熒光條碼的資料來安排郵差派送的次序。

9

貨車司機會把一袋袋郵件交給郵差，由他們派送到收件人的信箱。即使位置偏遠，郵差仍然會送到他家門口。

每天都有數以百萬計的郵件利用這種方法派送啊！

雖然只是寄一封信而已，但全球的郵政服務幾乎運用了所有的交通工具呢！

10

無論你住在哪裏⋯⋯

郵差總會把信件送達你手中。

香蕉的奇妙旅程

食物是在貨架上生長嗎？

我們可以在商店裏輕鬆選購各種各樣的食物，但這些食物究竟來自哪裏？
答案就是全世界！現在讓我們以香蕉為例，看看它的生產過程吧！

1

赤道附近的國家屬於熱帶氣候，全年溫暖，雨水充足，大部分香蕉都是來自那些地區。

一大把香蕉稱為「一緬」蕉，一緬有數把或數層香蕉。外國人會將一把香蕉叫作一「手」(a hand)，只有一條的便叫一「指」(a finger)。

2

香蕉種植場裏栽種的香蕉又大又重，農夫會用塑料袋裹住香蕉，防止黃蜂和雀鳥來偷吃。

3

當香蕉長大後，農夫便會把外皮仍是青綠色的香蕉收割下來，並且非常小心地處理，有時還會用上發泡膠軟墊來保護香蕉，因為沒有人會喜歡買壓壞了的水果呢！

4

那些香蕉是連着莖一起被收割的，工人會把莖掛在滑輪軌道上。當收割好所有香蕉，工人便拉動滑輪軌道，把香蕉送到處理站。

7

工人會在香蕉上貼上原產地標籤，然後小心地放進箱裏，再利用貨車運送到出口港。

8

一箱箱香蕉送達出口港後，會被放在冷藏貨櫃船上，預備漂洋過海。冷藏貨櫃船能夠控制氣流和溫度，使香蕉在運送期間可以保持新鮮，並不會變熟。

6

工人將香蕉一把一把切下來，放進水裏，這樣可以更妥善地保存香蕉。他們同時取走壓壞了的香蕉，並運到當地市場，以低價出售。

視乎航程的長短，冷藏貨櫃船一般需要4至12日才到達目的地。有些冷藏貨櫃船的設備是經過特別設計，可以讓食物保鮮長達50天。

9

當香蕉送到目的地後，會存放在大型倉庫裏。那裏的空氣濕潤又溫暖，可以把香蕉催熟。

5

在那裏，工人會小心檢查香蕉的大小和品質，然後把香蕉清洗乾淨，並噴上殺真菌劑，防止香蕉變壞。

10

香蕉終於成熟了！那時工人會利用貨車把香蕉送到商店，讓貨架前的你選購！

11

全球定位系統的奇妙旅程

你在地球的哪一方？

無論你身在何方，人造衛星定位系統都可以找到你的位置。當你攀爬高山，穿越沙漠或在大海中航行時，為何它仍然能夠找到你呢？

2

這時，約有27個人造衛星正環繞地球運行。每個衛星都設有電腦、訊號發射器，還有精確的原子鐘。它們透過無線電波，無間斷地把自己所在的位置和時間以光速傳送到地球。所有人造衛星運作起來，便成為了全球定位系統，Global Positioning System（簡稱GPS）。

每個人造衛星都按照固定的軌跡，一天環繞地球運行兩個圈。這些運行路線設置成在任何時候，每部智能手機都會接收到至少3個人造衛星的訊號。它們定時發放自己的位置，就像巴士的行車時間表一樣！

1

對了，祖母現在帶着你和朋友，一起去欣賞你喜歡的樂隊表演。真糟糕，別說尋找表演場地，你們連自己在哪裏也不知道！於是祖母拿出智能手機，開啟導航程式。

環繞地球運行的不僅有GPS人造衛星，還有成千上萬的太空垃圾，包括修理工具和太空人的手套呢！

8

你們終於到達樂隊表演的場地，祖母關掉導航程式。演唱會完畢，祖母又可以用同一方法回家，非常方便！

演唱會

7

祖母的智能手機開始正常運作了！手機已經接通了衛星定位連續運行站，更獲得第4個人造衛星的信息，資訊變得準確啦！

3

祖母開啟導航程式後，人造衞星便開始把資訊傳送到她的智能手機。它會以納秒（nanosecond）作為時間單位，不斷發放準確的位置和時間。由於這些資訊是以光速傳送，智能手機上的接收器只需要對比接收和發放信息的時間，便能計算出你和人造衞星之間的距離。

算式：
傳送時間 × 光速 = 你和衞星之間的距離

4

只知道你和1個人造衞星相距多遠並不足夠，祖母的智能手機必須同時獲得3個人造衞星的資訊。從3組數據中找出相同的一點，便是祖母那部智能手機的位置了。

5

奇怪了……祖母的智能手機好像出了問題，它顯示的位置是另一個地方。這是因為手機接收訊號延誤了，或許是受壞天氣影響，又可能是環繞地球的電子磁場影響了傳送速度，也有機會是訊號不能穿越四周的高樓大廈。但手機應用程式並不了解這些情況，它只會假設訊號是以光速傳送過來。

6

在你身處的地方附近，其實設有衞星定位連續運行站。由於運行站設在固定地點，同時清楚知道每個人造衞星在不同時候的位置，因此它可以計算出傳來的信息有沒有錯誤。當它發現信息出錯，便會重新計算，然後向鄰近地方發放。

人造衞星由太陽能推動，一般可運作10年左右。每次更換新型號的人造衞星時，都會增加新的技術和功能。

牛仔褲的奇妙旅程

衣服是怎樣製造出來的呢？

牛仔褲是由李維·史特勞斯（Levi Strauss）於1850年創造的，多年來它的製作方法也沒多大改變。現在看看它是怎樣誕生的！

牛仔褲是用牛仔布製成的，這是一種較硬的棉布，最初在法國一個叫尼姆的城市製造。「從尼姆而來」的法語是de Nîmes，因此牛仔布的英文名稱叫 **denim**。

1

牛仔褲是從樹上生長出來的嗎？哈哈，這倒正確，畢竟它的原料是植物。農夫在春天播種，漸漸生長成1米高的棉花。到了夏末，農夫便可以收集一團一團的棉絮，或稱為棉籽。外表看來，它像極在商店裏買到的棉花球。在棉花市場買到棉籽後，便會運到牛仔褲製衣廠加工。

2

在那裏，工人會把棉籽放進梳棉機。機器上設有毛刷，用來清潔、整理和拉直棉花的纖維。完成這個工序後，棉花便變成一條條又長又直的梳棉條。

梳棉機

放大看一看！

3

工人把梳棉條放在紡紗機上，反覆拉直，再扭成長長的棉線，並捲成線軸。

紡紗機

製作牛仔布和其他布料的工序不同：一般布料是先編織後染色，牛仔布卻是先染成靛藍色，然後才編織。

4

現在，工人把白色的線軸拿去染色。牛仔布一般是藍色的，所以工人會用上一種靛藍色的染料。染色的次數、每次染色的時間，還有隔多久才再次染色，都會影響牛仔布的顏色。因此每間工廠都有專屬的「秘方」，製造出獨特的牛仔布風格。

5

染色後，工人把線軸上漿。這樣可以令棉線變硬，更為耐用。接着，工人用機器把兩種不同顏色的棉線縱橫編織成布。垂直的經線是藍色的，橫向的緯線是白色的。而製作牛仔布時，經線會織得比較密，於是整塊布看起來是藍色的。但當你看看那些磨損了的牛仔布，便會發現露出來白色的緯線。

製衣廠平均每日可製造2,500條牛仔褲。

設計師用紙繪製牛仔褲的式樣，稱為紙樣。工人最多會把100幅牛仔布疊在一起，再放上紙樣，並用重物壓住。

6

裁剪師按照紙樣，用機器裁出布料。他們會戴上防護手套，防止雙手被割傷。

7

一條牛仔褲大約由15個部分組成。

8

製衣廠生產線的工人會分工合作，把裁出來的各個部分逐步縫製成牛仔褲。每個工人都專門負責其中一項工序，完成後便傳給下一個工人，進行另一項工序。

* 把口袋縫在褲子背面
* 把兩條褲管縫好
* 縫上腰帶和皮帶環
* 加上鈕扣或拉鏈
* 縫好褲腳
* 釘上鉚釘和商標

9

雖然牛仔褲已經製作好，但為了讓它看起來更時髦，便需要製造磨損和褪色效果。

經過「特別處理」的牛仔褲，工序越多，它的價格便會越高！

有時會用砂紙或剃刀磨破，有時是故意撕破。

有時會在牛仔褲不同的地方噴上粗砂，製造磨損的效果。

有時會把牛仔褲和粗糙的石塊放進巨型洗衣機，一起洗濯6小時。這過程便是「石磨」。

有時會在牛仔褲上噴上漂白水，使它有褪色效果。

10

當檢查完牛仔褲的品質後，便會把它們包裝起來，由貨車運送到商店或網上商店的貨倉，讓你隨時購買。

紙張的奇妙旅程
樹木是怎樣變成紙張？

你現在看的這本書原本是一棵樹，很難想像吧？堅硬粗糙的樹木究竟是怎樣變成又滑又薄的紙張呢？讓我們一起來看看吧！

有些樹木來自再生樹林，在那裏樹被砍伐後，會重新種植樹木。

1

人們先把樹木砍伐成一條條木材，然後把它們堆疊起來，運送到造紙廠。

6

在紙漿中加入水和填充劑，例如黏土。這樣可以填滿樹木纖維之間的空隙，令紙張變得柔滑。這時要再次加入漂白劑，使紙張看起來更白。

黏土

水

7

把紙漿倒在絲網上，再用大型滾筒來回擠壓，盡量擠出水分。

在現實中，這其實是一台龐大的機器。

8

經過不斷擠壓，紙漿中的纖維會連結起來，成為一張完整的紙張。

造紙機非常巨大，大約跟 4 個標準游泳池一樣長，跟 3 層樓一樣高！

9

這時，紙張要通過造紙機最長的部分——烘乾滾筒。這裏會噴出高達攝氏100度的熱氣來烘乾紙張，使它變得堅韌。

造紙機每分鐘可以讓1,400米長的紙張通過。

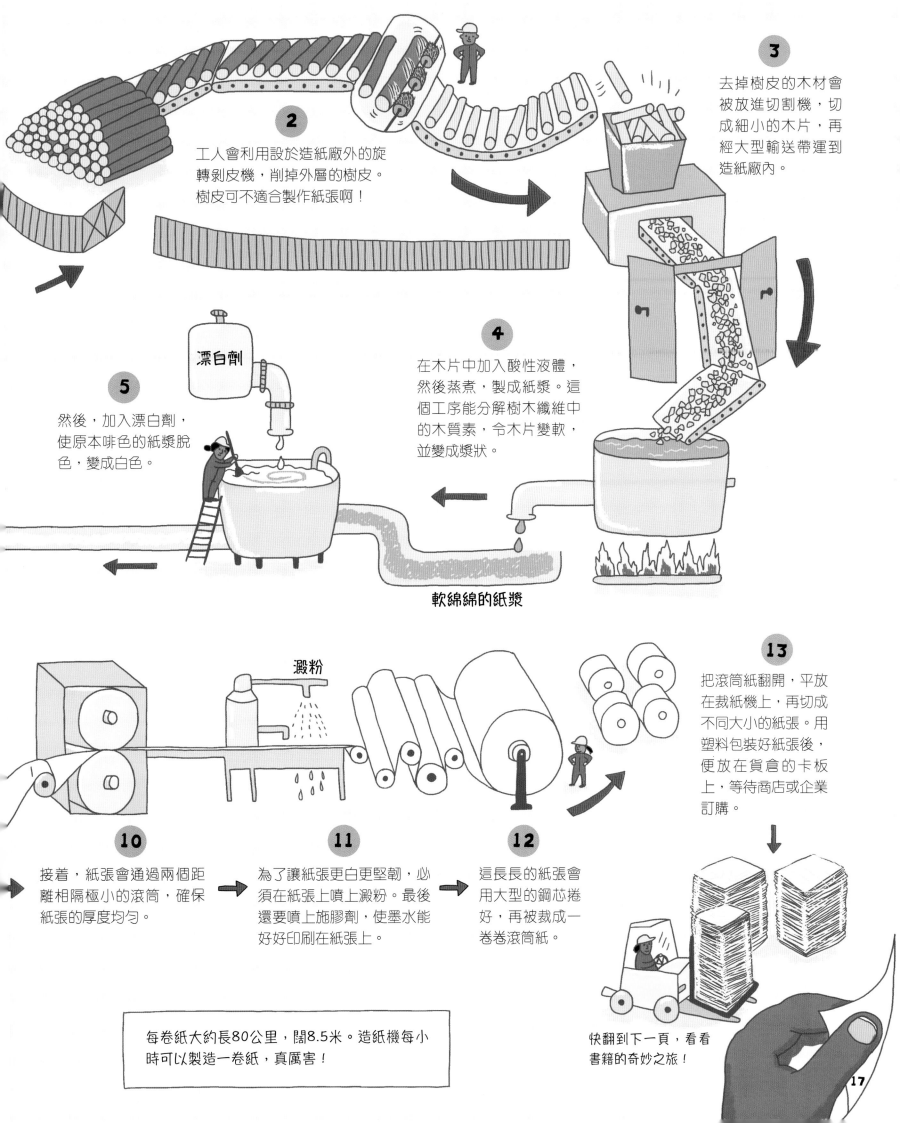

2

工人會利用設於造紙廠外的旋轉剝皮機，削掉外層的樹皮。樹皮可不適合製作紙張啊！

3

去掉樹皮的木材會被放進切割機，切成細小的木片，再經大型輸送帶運到造紙廠內。

4

在木片中加入酸性液體，然後蒸煮，製成紙漿。這個工序能分解樹木纖維中的木質素，令木片變軟，並變成漿狀。

5

然後，加入漂白劑，使原本啡色的紙漿脫色，變成白色。

漂白劑

軟綿綿的紙漿

澱粉

10

接着，紙張會通過兩個距離相隔極小的滾筒，確保紙張的厚度均勻。

11

為了讓紙張更白更堅韌，必須在紙張上噴上澱粉。最後還要噴上施膠劑，使墨水能好好印刷在紙張上。

12

這長長的紙張會用大型的鋼芯捲好，再被裁成一卷卷滾筒紙。

13

把滾筒紙翻開，平放在裁紙機上，再切成不同大小的紙張。用塑料包裝好紙張後，便放在貨倉的卡板上，等待商店或企業訂購。

每卷紙大約長80公里，闊8.5米。造紙機每小時可以製造一卷紙，真厲害！

快翻到下一頁，看看書籍的奇妙之旅！

17

書籍的奇妙旅程

怎樣把創作意念放上書架?

你最喜歡哪一本書?有沒有想過書上的一字一句,也許是作者深夜在書房裏寫下來的?這些文字彷彿從他們的腦海,直接跳進你心裏一樣。這個奇妙之旅究竟是怎樣發生的呢?

1

首先,作者構思了一個很好的創作題材,於是拿起紙筆,把故事寫下來。然後她重讀一遍,不斷刪去或加插故事情節。這個過程可能需要花上一年,甚至更長的時間。

這個故事真好,我要推薦這個作者!

2

故事終於完成了,作者希望跟其他人分享這個故事!有些作者會自資出版書籍,但這得花一大筆金錢,因此大部分作者都會找出版社幫忙。首先,他們會把文稿寄給經理人。經理人對出版業非常了解,能為優秀的作者尋找合適的出版社,同時為他們爭取合理的報酬。

4

出版社的編輯會閱讀文稿,他們懂得欣賞好故事,也知道讀者的口味。這個編輯看了這份文稿,非常喜歡呢!

5

編輯向出版社社長和營銷經理推薦這份文稿,他們會因應當時受歡迎的書籍類型,來決定是否出版這本書。如社長同意出版,便會聯絡經理人,向作者提出合作條件。

3

經理人會把文稿寄給不同的出版社:這是一本兒童繪本,需要寄給兒童圖書編輯。

出版社

6 當作者、經理人和出版社談好出版條件，便會簽署合約，讓出版社擁有出版和銷售這本書的權利。

每賣出一本書，作者都會收到部分收入作為報酬，稱為「版稅」。知名的作者還會在賣出書籍前，收到「預付版稅」。

7 編輯開始進行書籍的出版工作，並和作者緊密合作，或會建議她刪去或增加內容，令故事更加吸引。

14 書店早就向發行中心訂貨，只要書籍送達便可立刻運到各大書店。書店職員已經把書籍放上書架了，你隨時可以來購買啊！

9 封面設計師負責設計書籍的封面，編輯則負責撰寫封底的簡介文字。讀者時常以這些資訊來判斷一本書的好壞，因此需要花許多時間去構思。封面和封底設計必須交給出版社各個部門審閱，尤其是了解讀者喜好的營銷團隊。

8 插畫師負責繪畫插圖，然後設計師和排版員會安排插圖和文字擺放的位置。即使書中有大量插圖，作者和插畫師卻甚少會見面。

13 假如印刷廠位於另一個國家，製成的書籍便要用船運過來，這可能要花上幾個星期。最後書籍抵達港口，利用貨車送到大型貨倉，那就是發行中心。

10 最後，文稿會交由校對員來校對。他會仔細檢查書中每一項細節：錯別字、頁碼、段落縮排等，總之確保所有內容沒有出錯！有時，編輯也要兼顧這些工作。

11 製作部負責人會把文稿的電腦檔案傳送到印刷廠，還會清楚說明這本書的印刷方式和特別效果。印刷廠會製作「藍紙」、「打稿」和樣書，送交出版社檢查。確定沒有任何錯誤後，便可大量印刷書籍。

12 印刷廠會把文稿印刷在長長的滾筒紙上，然後用特別的機器裁好，再用膠水和穿線的方法來裝訂書籍。

網上購物
的奇妙旅程
只需按一下「購買」鍵！

到商店購物時，你需要到收銀處付款，然後把貨品帶回家。假如是在網上購物，過程又是怎樣的呢？現在就來看一看吧。

系統會再次連接你的電腦，告訴你交易成功。

4

商店的伺服器

3

若你訂的貨品還有存貨，網上購物系統便會連接爸爸銀行的伺服器，要求付款轉賬。銀行會通知商店，表示有足夠金錢付款。

銀行的伺服器

1

你在網上找到一份完美的禮物：一個籃球。你按下「購買」鍵，並填上送貨地址，再請爸爸輸入信用卡資料，完成交易。

2

你的電腦連接到商店的伺服器，那是一部非常強大的電腦，負責管理商店網站和**網上購物系統**（Order Management System，簡稱OMS）。該系統檢查你訂購的貨品有沒有存貨，而該貨物通常被儲存在一個很遠的貨倉內。假如缺貨，電腦會自動向供應商訂購。

網上購物系統會根據你輸入的地址，在離你家最近的貨倉尋找相關貨品。

13

只需要一日左右，門鐘便會響起，那是送貨司機把貨品送到你家大門前。快把禮物包好，準備參加朋友的生日會吧！

12

出口

包裝好的貨品會透過貨車，送到速遞公司。那時你會收到電郵，通知你貨品正在派送中。

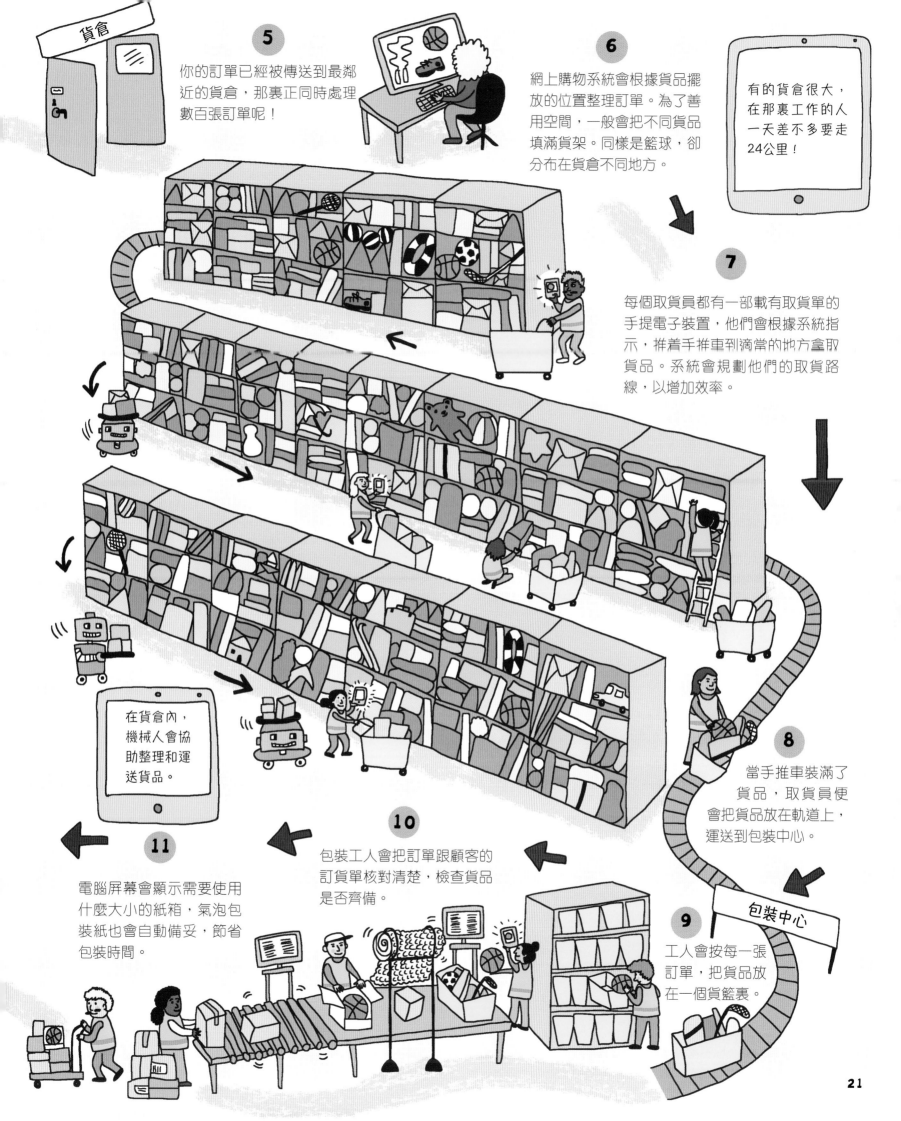

5 你的訂單已經被傳送到最鄰近的貨倉，那裏正同時處理數百張訂單呢！

6 網上購物系統會根據貨品擺放的位置整理訂單。為了善用空間，一般會把不同貨品填滿貨架。同樣是籃球，卻分布在貨倉不同地方。

有的貨倉很大，在那裏工作的人一天差不多要走24公里！

7 每個取貨員都有一部載有取貨單的手提電子裝置，他們會根據系統指示，推着手推車到適當的地方拿取貨品。系統會規劃他們的取貨路線，以增加效率。

在貨倉內，機械人會協助整理和運送貨品。

8 當手推車裝滿了貨品，取貨員便會把貨品放在軌道上，運送到包裝中心。

包裝中心

9 工人會按每一張訂單，把貨品放在一個貨籃裏。

10 包裝工人會把訂單跟顧客的訂貨單核對清楚，檢查貨品是否齊備。

11 電腦屏幕會顯示需要使用什麼大小的紙箱，氣泡包裝紙也會自動備妥，節省包裝時間。

舊玻璃瓶
的奇妙旅程

玻璃會不斷「復活」的嗎？

舊玻璃瓶可以永恆的循環再造，重新製成新的玻璃瓶。這樣可以節省資源、能源和金錢，以下是它的「復活」過程。

1 回收商收集人們丟棄的可循環再造廢物，帶到資源回收中心，那裏會有人把玻璃、金屬、紙張和塑料分類處理。

循環再造一個玻璃瓶能節省到的能源，可讓電腦開啟25分鐘！

13 玻璃瓶冷卻後，便可以賣到汽水廠。汽水廠在瓶中加入汽水，封上瓶蓋，再送到商店供你購買享用。當你喝完了，它又會再次經歷這個奇妙之旅呢！

12 把玻璃熔液倒進瓶子外形的模具中，然後向玻璃中心加入空氣，使它變成中空。

11 玻璃製造廠會把碎片放進約攝氏1,500度的熔爐（這個溫度比家中的烤箱高6倍），過程中還會加入沙或其他物料，令玻璃變成液體。

2 玻璃會被放在回收廠的輸送帶上，預備加工。

3 有的回收廠會清洗玻璃，洗掉玻璃上殘留的污漬。

4 利用強力的磁石清除混雜在玻璃中的金屬，例如鋁罐、瓶蓋等。

5 工人會把玻璃以外的廢物或非常骯髒的玻璃取出來。

6 玻璃經輸送帶送到乾燥機，那裏噴出來的熱氣會除去玻璃上的水分，瓶上的招紙也會掉下來。

7 大型吸塵機會吸走其他細小的物件，包括招紙、瓶蓋、塵埃、塑料或廢紙。

回收前請先清洗使用過的玻璃瓶，避免發臭和滋生細菌。

8 雷射攝影機會分辨玻璃的顏色，並利用氣流把 3 種顏色的玻璃分類收集。

在香港，回收的飲品玻璃容器會被壓碎，用來製成合適的建築材料，如環保地磚。

9 玻璃的顏色分別是啡色、綠色和透明。

有些玻璃的製造方法跟玻璃瓶截然不同，不能循環再造，例如烤箱用的玻璃碟和玻璃窗。當雷射攝影機發現這些玻璃，便會用高壓氣槍移除。

10 玻璃會被壓成碎片，有玻璃製造商會購入這些碎片，重新製成新的玻璃。

玻璃碎比新的玻璃更易熔化，在重造的過程中可以節省40%的能源。

巧克力的奇妙旅程
巧克力是從樹上來？

你知道巧克力的原料是水果嗎？一起看看它究竟是如何從熱帶雨林的一棵樹，變成貨架上美味的糖果吧！

可可樹的學名叫 Theobroma cacao，意思是眾神的食物。

1
巧克力來自可可樹結出的果實，這種樹主要在赤道附近的熱帶地區生長。

可可樹從樹幹到樹枝都會結出果實，每年大約有30顆。

2
當果實開始成熟時，農夫便用長長的彎刀收割下來。果實的外殼又厚又硬，顏色可以是紅、黃或綠。果實裏有一層又甜又黏的汁液包裹着可可豆，味道有點像檸檬汽水！

3
取出來的可可豆會堆在一起，再用蕉葉蓋住，保持温暖，進行為期約6日的發酵過程。

可可豆發酵時，外層的汁液會流失，漸漸形成巧克力的味道。

4
接着，把可可豆放在太陽下晾曬數天。

5
現在，農夫把農作物帶到可可豆市場出售。商人會根據可可豆的重量和品質來挑選，最後賣到世界各地的巧克力加工廠。

6
巧克力加工廠內的工序主要由機器操作，簡單來說，可可豆會放在輸送帶上加工。

清洗乾淨

加熱烘焙

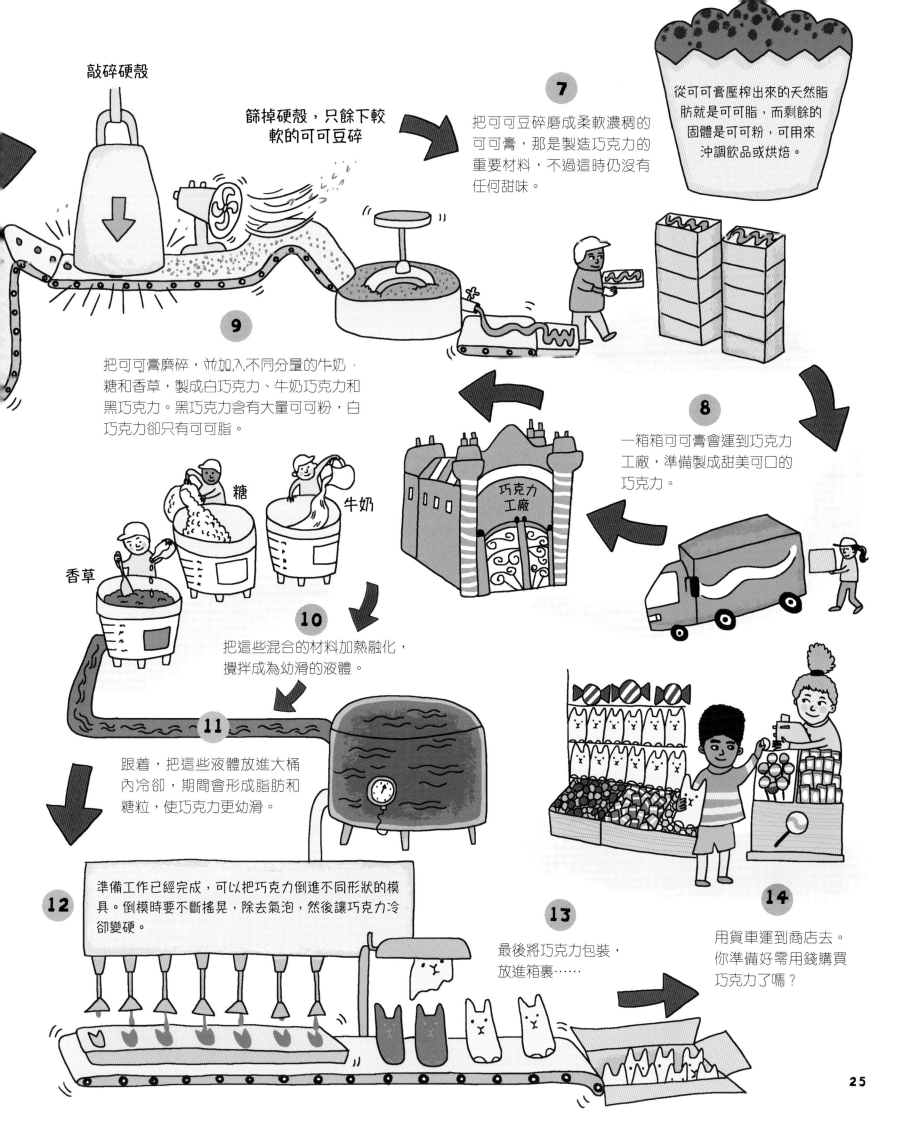

敲碎硬殼

篩掉硬殼，只餘下較軟的可可豆碎

7

把可可豆碎磨成柔軟濃稠的可可膏，那是製造巧克力的重要材料，不過這時仍沒有任何甜味。

從可可膏壓榨出來的天然脂肪就是可可脂，而剩餘的固體是可可粉，可用來沖調飲品或烘焙。

9

把可可膏磨碎，並加入不同分量的牛奶、糖和香草，製成白巧克力、牛奶巧克力和黑巧克力。黑巧克力含有大量可可粉，白巧克力卻只有可可脂。

8

一箱箱可可膏會運到巧克力工廠，準備製成甜美可口的巧克力。

香草　糖　牛奶

巧克力工廠

10

把這些混合的材料加熱融化，攪拌成為幼滑的液體。

11

跟着，把這些液體放進大桶內冷卻，期間會形成脂肪和糖粒，使巧克力更幼滑。

12

準備工作已經完成，可以把巧克力倒進不同形狀的模具。倒模時要不斷搖晃，除去氣泡，然後讓巧克力冷卻變硬。

13

最後將巧克力包裝，放進箱裏……

14

用貨車運到商店去。你準備好零用錢購買巧克力了嗎？

25

行李的奇妙旅程

乘搭飛機時，行李去了哪裏？

你拿着機票和行李，在機場等待出發去旅行，真令人興奮！而你的行李也即將經歷一段奇妙旅程……

1

乘搭飛機的人通常帶着行李箱或旅行袋，擺放旅途中的必需品。你也許還有手提行李，隨身帶備一些在機上使用的物品，其他大型行李則寄存在機艙上。

不少機場設有自助預辦登機櫃位。

2

航空公司櫃位的地勤人員為你辦理登機手續，還會替你的行李磅重。當你購買機票時，已經知道行李的重量上限。假如所有乘客的行李都超重，飛機恐怕重得沒法起飛了！

8.25公斤

3

地勤人員會在行李上綁上條碼牌，它載有你乘搭的航班資訊，提示工作人員該把行李放到哪一架飛機。

8

每件行李都要通過大型X光機，檢查裏面有沒有危險品。

9

機場很大，有時行李需要放進小型行李車，在輸送帶上高速運行一段很長的距離，才能從登記櫃位送達飛機。這就像在機場裏坐過山車呢！

轉運行李會在這裏放進輸送帶，那是屬於需要轉機的乘客。

10

行李穿過一條像旋轉滑梯的輸送帶，從高處溜到下層的行李確認區。在那裏，工作人員會用掃描器讀取條碼，再次核對這是你要乘搭的航班，才把行李放進大型貨箱。

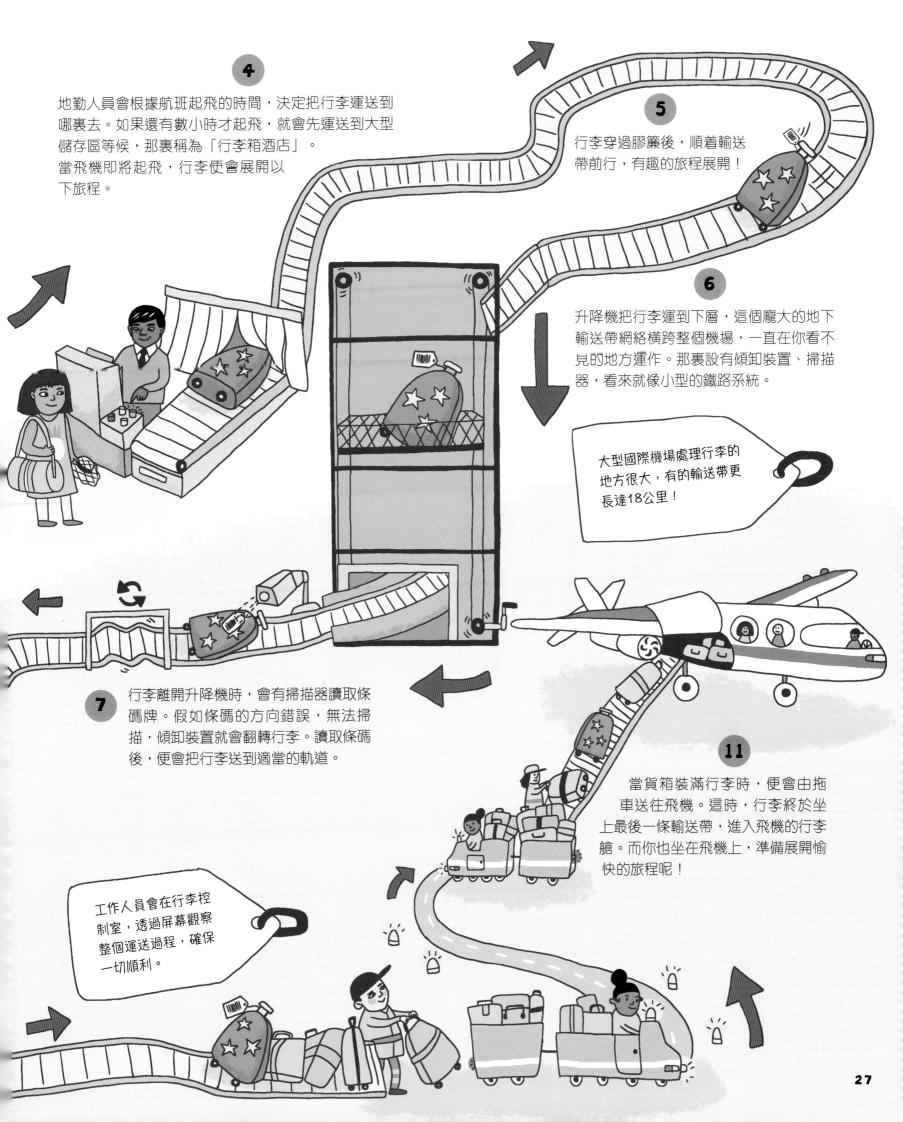

4 地勤人員會根據航班起飛的時間，決定把行李運送到哪裏去。如果還有數小時才起飛，就會先運送到大型儲存區等候，那裏稱為「行李箱酒店」。當飛機即將起飛，行李便會展開以下旅程。

5 行李穿過膠簾後，順着輸送帶前行，有趣的旅程展開！

6 升降機把行李運到下層，這個龐大的地下輸送帶網絡橫跨整個機場，一直在你看不見的地方運作。那裏設有傾卸裝置、掃描器，看來就像小型的鐵路系統。

大型國際機場處理行李的地方很大，有的輸送帶更長達18公里！

7 行李離開升降機時，會有掃描器讀取條碼牌。假如條碼的方向錯誤，無法掃描，傾卸裝置就會翻轉行李。讀取條碼後，便會把行李送到適當的軌道。

11 當貨箱裝滿行李時，便會由拖車送往飛機。這時，行李終於坐上最後一條輸送帶，進入飛機的行李艙。而你也坐在飛機上，準備展開愉快的旅程呢！

工作人員會在行李控制室，透過屏幕觀察整個運送過程，確保一切順利。

27

水的奇妙旅程

自來水是從哪裏來的？

開始閱讀前，建議你先盛一杯水。杯中的水已在世上存在數十億年，而去年，這些水可能曾在約佔地球表面四分之三的海洋、河流或湖泊裏流動，展開着奇妙的歷險旅程。

水被蒸發時會丟下一些雜質，例如鹽和塵埃，水會變得純淨。

1
去年夏天，太陽照耀着海洋。熱力把海面上的水滴變成氣體，形成水汽，整個過程稱為蒸發。

2
水汽向上升，越升越高，直至接觸到冷空氣。當水汽逐漸冷卻，便會再次化成水滴。這些水滴高掛在天空中，形成雲朵，整個過程稱為凝結。

3
水滴不斷結集，形成一大片黑雲。當它變得越來越重，水滴便降落大地，形成雨水，整個過程稱為降水。（在寒冷的地區，水滴落下來時會變成雪。）

雨水亦會落在湖泊和水塘裏，水塘是人工建成的儲水設備。在某些城市，雨水還會經溝渠流入引水道，最後排進河流。

4
雨水沿着小溪奔流，並在岩石之間的空隙流進大型的地下水塘，這就是地下蓄水層。

地面的橫切面

地下蓄水層

7

在你居住的社區會有較小的輸水管接駁着不同的街道，當食水到達你家，會有更小的輸水管連接着水龍頭。現在你可以扭開水龍頭，盛一杯滿滿的水了。

6

食水通過濾水廠底部的大型輸水管，送到人們居住的地方。輸水管是兩條並行，避免其中一條輸水管受到破壞時，導致食水供應中斷。食水沿着輸水管，一直流向你的家。

5

我們把水從地下蓄水層抽上來，送到濾水廠淨化，變成適合飲用。期間發生了什麼事呢？

A. 混凝：加入化學品，令水中的雜質形成小顆粒。
B. 沉積：小顆粒沉落在水底，成為淤泥。
C. 過濾：把上層的水過濾。
D. 消毒：加入氯氣，殺死細菌。
E 儲水：潔淨的水會儲存在水塔中。

地球上三分之一的淡水來自地下水。

汽油的奇妙旅程

可以用化石來啟動汽車嗎？

你聽過化石燃料嗎？化石是埋藏在層層岩石下面的史前動植物殘骸，燃料就是透過燃燒來產生熱和能量。現今的人把這些數百萬年前的物質，應用在現代科技之中推動着文明的發展呢！

1

在五億五千萬至六千五百萬年前，動物和植物死亡後沉入海底，漸漸被泥土淹沒。

2

這些殘骸在泥土中保存了數千年，期間經歷海洋乾涸、火山爆發，使泥土變成岩層。夾在岩層之間的動植物逐漸分解，數百萬年後終於轉化成了一層黑色的黏液，稱為原油。開採原油時還會找到另一種氣體燃料，這就是天然氣。原油和天然氣的氣味刺鼻，就像變壞了的雞蛋。

原油和天然氣為我們提供大部分的燃料，但它們埋藏在地上深處，有時甚至在地下13公里。

3

世界上不少地方都蘊藏原油，它的價值很高，因此石油公司花大量時間和精力來尋找。地質學家會利用震測法，向地底發出震波，然後測量岩層反射回地面的數據，找出裏面有沒有原油。

4

企業一旦找到原油，便會在那裏興建鑽油台，用巨型油鑽探入地底深處。有的鑽油台設在陸地，有的則在海裏。如果蘊藏量豐富，開採的原油可以用上很多年。

5

油鑽的鑽頭是用堅硬的鑽石製成，能夠鑽穿岩層。當油鑽高速轉動時，與岩層之間的摩擦力會產生大量熱能，有機會引起爆炸。因此，鑽探時必須不斷注入泥漿降溫。

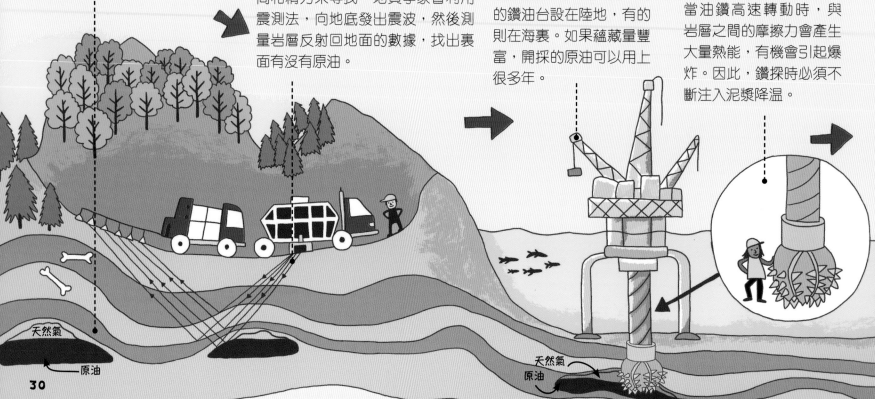

天然氣

原油

天然氣

原油

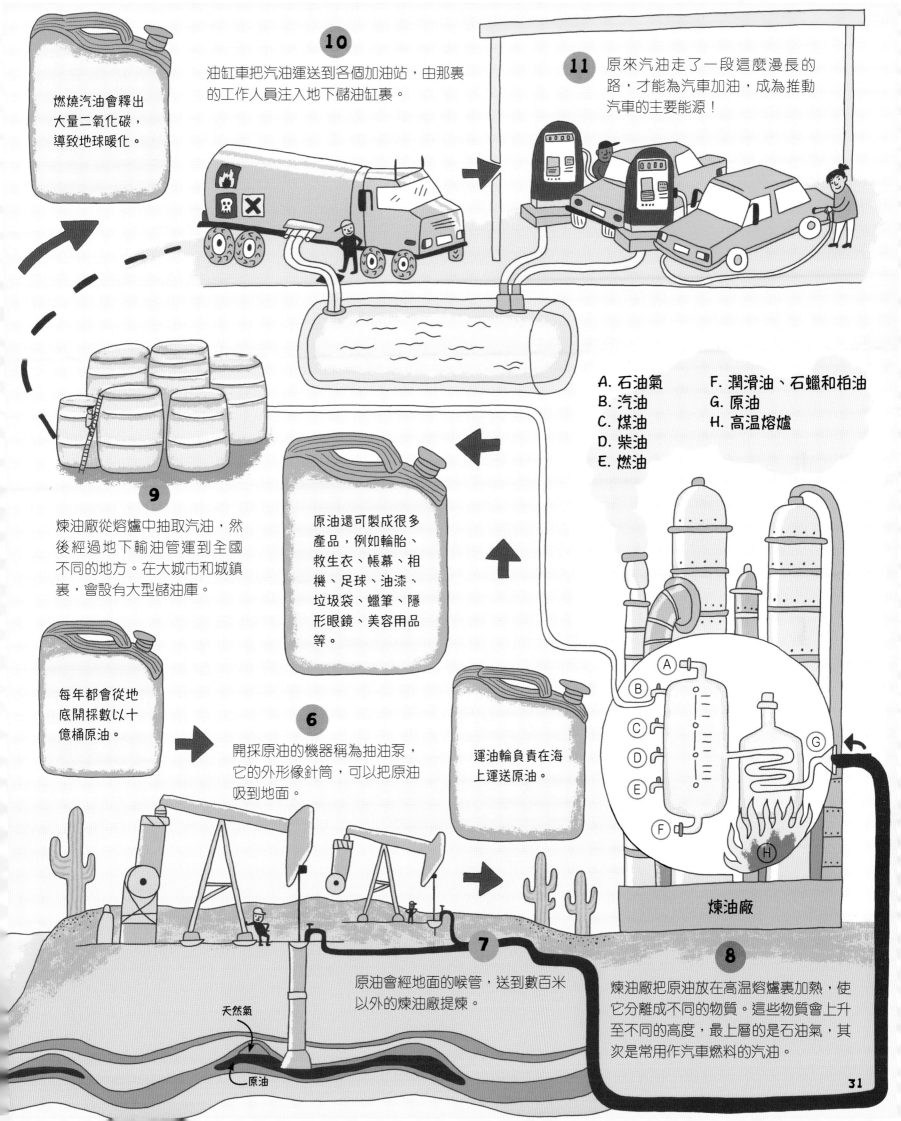

10
油缸車把汽油運送到各個加油站，由那裏的工作人員注入地下儲油缸裏。

燃燒汽油會釋出大量二氧化碳，導致地球暖化。

11
原來汽油走了一段這麼漫長的路，才能為汽車加油，成為推動汽車的主要能源！

A. 石油氣
B. 汽油
C. 煤油
D. 柴油
E. 燃油
F. 潤滑油、石蠟和柏油
G. 原油
H. 高溫熔爐

9
煉油廠從熔爐中抽取汽油，然後經過地下輸油管運到全國不同的地方。在大城市和城鎮裏，會設有大型儲油庫。

原油還可製成很多產品，例如輪胎、救生衣、帳幕、相機、足球、油漆、垃圾袋、蠟筆、隱形眼鏡、美容用品等。

每年都會從地底開採數以十億桶原油。

6
開採原油的機器稱為抽油泵，它的外形像針筒，可以把原油吸到地面。

運油輪負責在海上運送原油。

天然氣
原油

7
原油會經地面的喉管，送到數百米以外的煉油廠提煉。

煉油廠

8
煉油廠把原油放在高溫熔爐裏加熱，使它分離成不同的物質。這些物質會上升至不同的高度，最上層的是石油氣，其次是常用作汽車燃料的汽油。

31

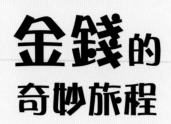

金錢的奇妙旅程

貨幣如何無形地流動呢?

你知道嗎?在現今世界裏的網上交易,其實是在使用「看不見的貨幣」。一起來看看貨幣怎麼由實體變成無形吧。

1

金錢是一種貨幣,可以用來購物。數千年前,我們用商品進行交易。例如有人用鹽去換豆,或用牛去換武器。這些商品都是有用的東西,稱為商品貨幣。

2

但牛會死,豆也會發霉。久而久之,商品交易被黃金取代了。世界各地都可以找到黃金,它既不會變壞,又能鑄成金幣。後來,人們也開始製造銀幣。這些金屬貨幣稱為硬幣。

4

買賣金銀的商人變成了銀行家,專門看管別人的金錢。人們可以把錢存進銀行,有需要時才提取。銀行的賬簿記錄了每個人的金錢交易,方便追查。

3

不過金屬太重,不便攜帶。於是買賣金銀的商人便收集硬幣,並向人們提供收據。這些收據寫上了硬幣的價值,可以用來換取同等價值的東西,這就是紙幣。

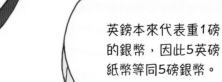

英鎊本來代表重1磅的銀幣,因此5英鎊紙幣等同5磅銀幣。

5

時至今天，昔日的賬簿變成了精密的電腦系統。你再也不必知道金幣或銀幣代表的價值，甚至不需要看到紙幣。貨幣變成了「隱形」，在日常生活中流通。你只要透過電子轉賬，便能進行交易。

6 星期一

媽媽每天都要工作，月底時便會收到銀行通知，表示僱主已經把薪金存入她的戶口。媽媽可以從賬戶結餘中看到戶口的金額增加了，過程並不涉及任何紙幣或硬幣，這就是電子轉賬。

家

商店、僱主、專業人士和政府每天都利用數以百億的電子貨幣進行交易。據估計，現在全球大約只有8%的貨幣是實體的現金。

公司

家

交易項目	支出	收入	帳戶結餘
薪金		$10,000	$10,000
電費	$500		$9,500
ATM提款	$200		$9,300
超級市場	$300		$9,000
網上商店	$250		$8,750

7 星期二

電力公司通知媽媽的銀行戶口，需要繳交多少電費。於是媽媽的戶口進行另一次電子交易，把錢轉移到電力公司的戶口，而媽媽可以在銀行的電腦系統看到這筆支出的記錄。

自動櫃員機

10 星期五

媽媽在網上買了一雙新鞋給你，她在網站輸入銀行卡資料，指示銀行把錢轉賬給網上商店。自發薪那天，媽媽已經花了超過1,000元，大部分都是以電子方式支付。

9 星期四

媽媽帶你到超級市場購物，花了300元。她使用銀行卡付款，於是收銀員連接銀行的電腦系統，從媽媽的戶口扣除金錢，並轉移到超級市場的戶口。

超級市場

8 星期三

你參加的籃球班要求媽媽以現金支付200元費用，因此她前往自動櫃員機（簡稱ATM）提款。她插入銀行卡，讓櫃員機讀取卡上的磁帶，然後輸入密碼，提取金錢。這筆提款會記錄在銀行的電腦系統。

電影製作 的奇妙旅程

從劇本到登上熒幕！

你看的每一部電影都是幕前幕後的團隊，花上好幾個月甚至數年的心血結晶。現在讓我們看看電影是怎樣來到觀眾的面前吧！

① 叮，這個編劇想到一個好的電影題材！可是他不能獨自製作電影，他需要演員、服裝、布景、攝影機、燈光儀器、拍攝場地等。

② 編劇會向監製解釋他想拍攝的電影故事，這叫做「推銷」意念。

⑦ 隨着電影上映，演員會接受訪問來宣傳。有時更會舉辦首映禮，那是在電影首次上映當天舉行的酒會。就在這天，編劇當初在腦海中想像的一幕幕畫面便變成了真實的電影，帶到觀眾的面前！

一部電影在世界各地上映的時間都不同，有的會在戲院上映，有的直接製成光碟，或放在自選收費頻道。

⑥ 拍攝完成後會剪掉效果不佳的鏡頭，只把最好的片段留下來。這時會加入特別效果、音樂、鳴謝和後期配音。剪接師和導演會在電腦上完成這些工作，現在電影已經剪接好了！

電影陣容

編劇　　　監製　　　導演　　　攝影指導　　　演員1　　　演員2

這部電影會讓你賺很多錢！

錢　錢

下一位！

3 如果監製喜歡他這個故事，編劇便會開始撰寫劇情大綱，說明大致的情節發展。由於拍攝電影需要大量金錢，監製會說服其他人投資。

4 監製找到了資金，編劇也寫好了劇本（指導演員演戲、說明拍攝技術的文本）。現在，他們需要聘請導演和演員。

拍攝非常順利！

第3場 TAKE 2！

Action!

5 電影終於開始拍攝！監製聘請了一大隊工作人員，各自擔當不同崗位，包括攝影師、化妝師、服裝設計師、收音師、燈光師等。拍攝一部電影，可能需要花上一年時間呢！

電影並不是按照劇情發展順序來拍攝，即使屬於故事不同部分，只要是在同一個場景發生，仍然會同時拍攝。

5

訊息
的高速旅程

互聯網是怎樣運作的？

互聯網是把世界上各種各樣的電腦、平板電腦和智能電話連接起來的龐大網絡。假設你想在互聯網上搜尋拉布拉多犬的照片，究竟這張照片是如何傳送給你？

1

你在搜尋器（如：Google）輸入「拉布拉多犬」，再按「圖片」，你便會找到一張可愛的小狗圖片供你下載。

3 你搜尋拉布拉多犬圖片的指令已經傳送到付費的網絡供應商（Internet Service Provider，簡稱ISP）。網絡供應商設有許多伺服器，那是非常強大的電腦，能夠儲存和傳送數據，又比家用電腦包含更多資訊。不少地方也設置了伺服器，遍布全球！

互聯網是連接全球電腦的網絡，而萬維網是那些電腦透過互聯網傳送的資訊。

2

你的電腦、平板電腦或智能電話透過數據機，就能連上全世界的電腦網絡。

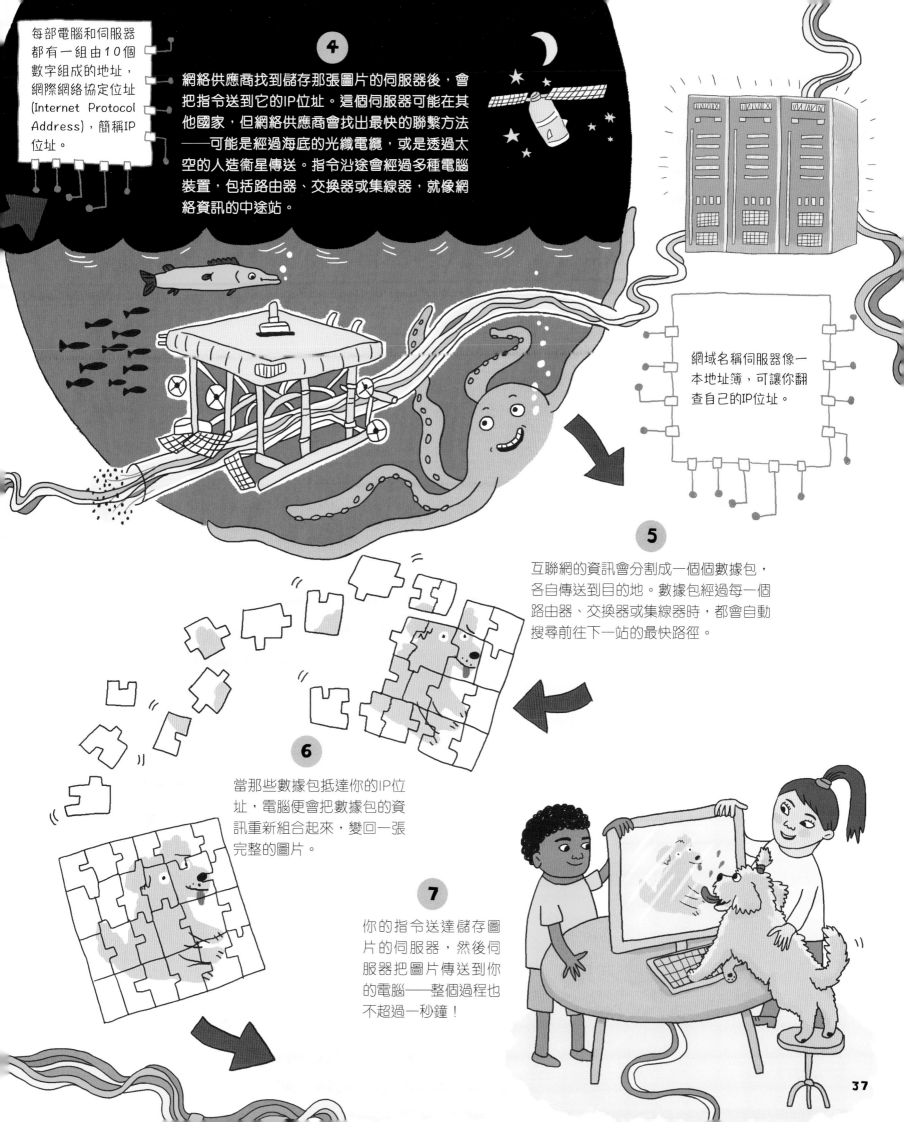

每部電腦和伺服器都有一組由10個數字組成的地址，網際網絡協定位址（Internet Protocol Address），簡稱IP位址。

4

網絡供應商找到儲存那張圖片的伺服器後，會把指令送到它的IP位址。這個伺服器可能在其他國家，但網絡供應商會找出最快的聯繫方法——可能是經過海底的光纖電纜，或是透過太空的人造衛星傳送。指令沿途會經過多種電腦裝置，包括路由器、交換器或集線器，就像網絡資訊的中途站。

網域名稱伺服器像一本地址簿，可讓你翻查自己的IP位址。

5

互聯網的資訊會分割成一個個數據包，各自傳送到目的地。數據包經過每一個路由器、交換器或集線器時，都會自動搜尋前往下一站的最快路徑。

6

當那些數據包抵達你的IP位址，電腦便會把數據包的資訊重新組合起來，變回一張完整的圖片。

7

你的指令送達儲存圖片的伺服器，然後伺服器把圖片傳送到你的電腦——整個過程也不超過一秒鐘！

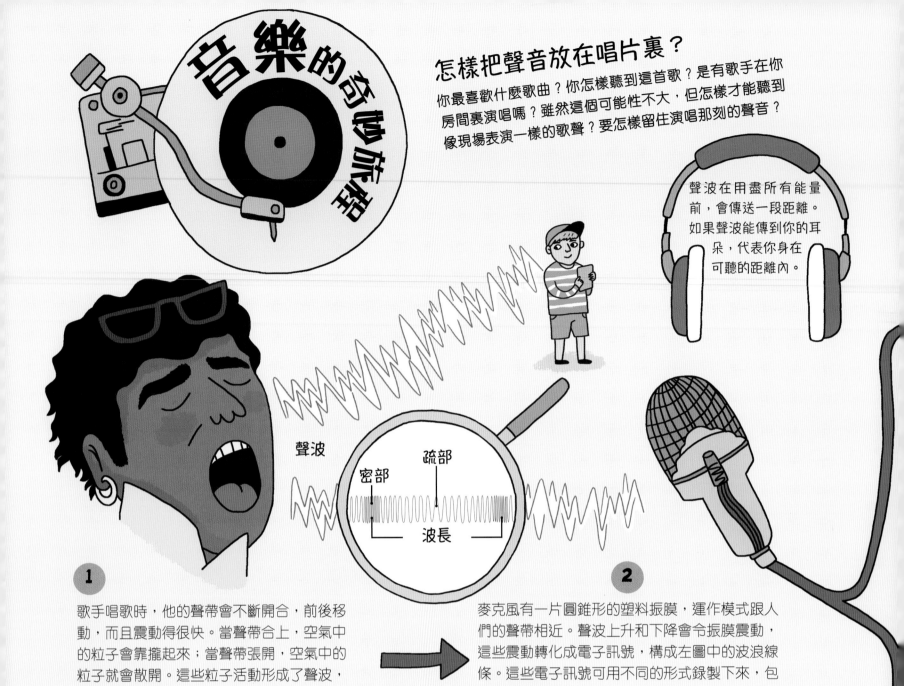

音樂的奇妙旅程

怎樣把聲音放在唱片裏？

你最喜歡什麼歌曲？你怎樣聽到這首歌？是有歌手在你房間裏演唱嗎？雖然這個可能性不大，但怎樣才能聽到像現場表演一樣的歌聲？要怎樣留住演唱那刻的聲音？

聲波在用盡所有能量前，會傳送一段距離。如果聲波能傳到你的耳朵，代表你身在可聽的距離內。

聲波

密部　　疏部

波長

1

歌手唱歌時，他的聲帶會不斷開合，前後移動，而且震動得很快。當聲帶合上，空氣中的粒子會靠攏起來；當聲帶張開，空氣中的粒子就會散開。這些粒子活動形成了聲波，讓歌手發出聲音。

2

麥克風有一片圓錐形的塑料振膜，運作模式跟人們的聲帶相近。聲波上升和下降會令振膜震動，這些震動轉化成電子訊號，構成左圖中的波浪線條。這些電子訊號可用不同的形式錄製下來，包括模擬和數碼。

錄音中

最理想的錄音方法便是靠近發聲源頭，因此錄音室的麥克風往往會放在歌手的嘴巴前。而且錄音室是一個可以困住聲波的小房間，會把聲波反射回麥克風，使錄下來的聲音更清晰真實。

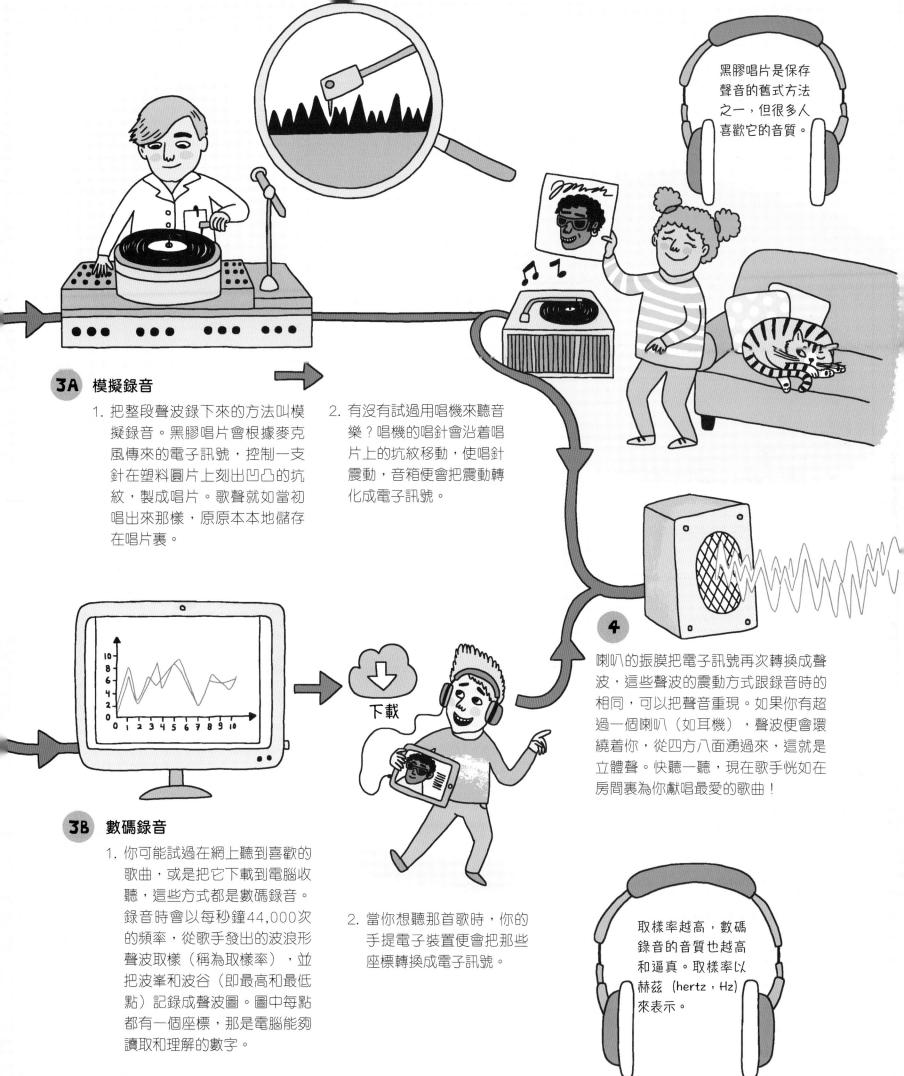

黑膠唱片是保存
聲音的舊式方法
之一，但很多人
喜歡它的音質。

3A 模擬錄音

1. 把整段聲波錄下來的方法叫模擬錄音。黑膠唱片會根據麥克風傳來的電子訊號，控制一支針在塑料圓片上刻出凹凸的坑紋，製成唱片。歌聲就如當初唱出來那樣，原原本本地儲存在唱片裏。

2. 有沒有試過用唱機來聽音樂？唱機的唱針會沿着唱片上的坑紋移動，使唱針震動，音箱便會把震動轉化成電子訊號。

4

喇叭的振膜把電子訊號再次轉換成聲波，這些聲波的震動方式跟錄音時的相同，可以把聲音重現。如果你有超過一個喇叭（如耳機），聲波便會環繞着你，從四方八面湧過來，這就是立體聲。快聽一聽，現在歌手恍如在房間裏為你獻唱最愛的歌曲！

下載

3B 數碼錄音

1. 你可能試過在網上聽到喜歡的歌曲，或是把它下載到電腦收聽，這些方式都是數碼錄音。錄音時會以每秒鐘44,000次的頻率，從歌手發出的波浪形聲波取樣（稱為取樣率），並把波峯和波谷（即最高和最低點）記錄成聲波圖。圖中每點都有一個座標，那是電腦能夠讀取和理解的數字。

2. 當你想聽那首歌時，你的手提電子裝置便會把那些座標轉換成電子訊號。

取樣率越高，數碼錄音的音質也越高和逼真。取樣率以赫茲（hertz，Hz）來表示。

39

通電話的奇妙旅程

你是怎樣聽到我說的話？

大城市裏有一個女子正在用手機跟朋友通話，手機另一端的
朋友身在遙遠的田野上。為什麼相隔那麼遠仍然可以交談？

1

這個女子說話時，她說出來的每句話
都是一連串聲波（見第38頁）。這些
聲波會向四周傳播，旁邊的人便聽到
她說什麼。

2

可是她說話的對象身處很遠的地方，聲波
無法直接傳送到那裏。不過手機內有一個
細小的麥克風，記錄了她的聲波，同時轉
變成電子訊號。

3

手機內有微晶片，
這就如一部細小的
電腦，能把電子訊
號轉換成數字編
碼。

4

手機內的天線會透過無線
電波，在大氣中以光速傳
送這些數字編碼。（光速
可達每秒30萬公里！）

5

無線電波抵達最近的手機
訊號發射站，它會把收集
到的無線電波傳送到流動
通訊無線電基站。大城市
裏到處都設有發射站，但
郊區人口不多，因此數量
較少。

「模擬」是把說話時的聲波
原原本本地記錄下來，「數
碼」是把模擬錄音獲得的聲
波轉換成數字編碼。

6

基站負責接收和傳送無線電波，而且基站裏有一部強大的電腦，可以處理附近地區的所有訊號。

7

基站連接着流動電話交換局，那裏的大型電腦同時連接着多個地區的基站。交換局會處理所有電話訊號，它透過每部電話獨有的號碼和編碼，找出最快的方法接通她朋友的手機。

基站

8

基站無法把無線電波傳送到很遠的地方，因此要劃分出一個個區域，而每個區域至少設有一個手機訊號發射站和一個基站。無線電波會從一個區域移動至另一個，如此類推，最後到達她朋友身處的區域。

無線電波會以光速傳送，所以即使相距很遠仍能即刻送達。

9

無線電波終於抵達最接近她朋友的基站，並接上他的手機。手機會把接收到的數字編碼轉換成模擬形式，即那個女子說話時製造的聲波。於是女子說的話便從喇叭裏傳出來。過程真不簡單！

電力 的奇妙 旅程

為什麼電燈會發光？

啊！

只要按一下開關，電燈就亮起來，我們甚至沒想到這是利用電力來推動。電力是一種能源，它究竟是從哪裏來？英國科學家法拉第（Michael Faraday）於19世紀初發現產生電力的方法，當他把一塊磁鐵移近一圈金屬線時，金屬線便會帶電，這個過程叫「電磁感應」。直到現在，我們仍然用這種方法來發電。

電力由發電廠產生，世界各地都興建了不少發電廠。廠內設有許多大型發電機，它們的運作方法和法拉第的實驗差不多，只是變成巨型磁鐵和大量金屬線圈。

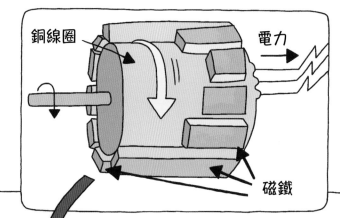

銅線圈　　　　　　電力

磁鐵

A 化石燃料發電廠

透過燃燒煤、天然氣或石油把水加熱，產生蒸汽來推動發電機的渦輪。這是最便宜的發電方法，全球大部分電力都是這樣產生的。

首先我們需要能源去推動渦輪，令磁鐵轉動。渦輪是透過水流或蒸汽推動的機器，不同類型的發電廠會用不同方式獲取能源。

E 太陽能發電廠

把太陽光的能量直接轉化成電力，但要讓輸電網配合太陽能供應站的這項技術昂貴，較少人採用。

B 風力和水力發電廠

利用風能和水能推動發電機的渦輪。

C 核電廠

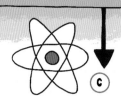

透過原子核分裂時釋放出的能量把水加熱，產生蒸汽來推動發電機的渦輪。

D 地熱發電廠

利用地球內部的熱能把水加熱，產生蒸汽來推動發電機的渦輪。這種發電方法只適用在一些地熱較接近地面的地方。

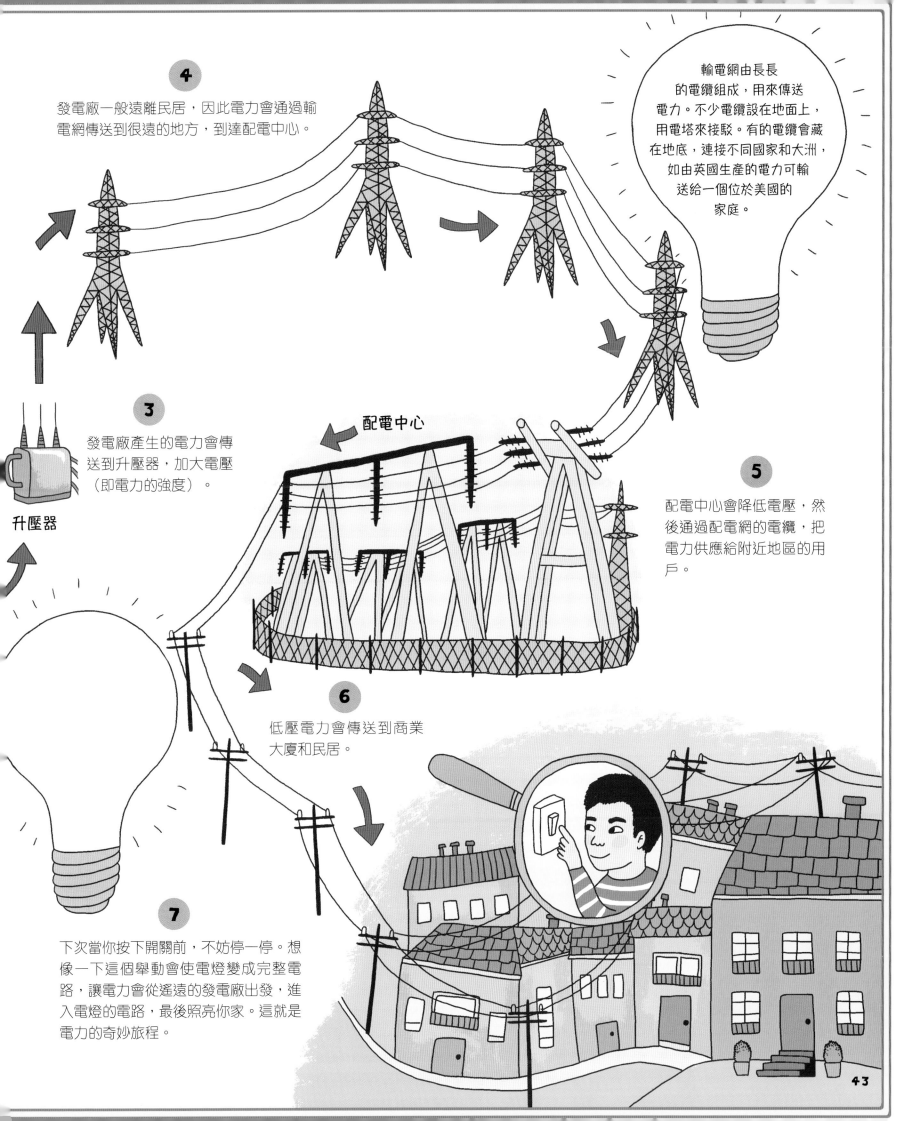

4

發電廠一般遠離民居,因此電力會通過輸電網傳送到很遠的地方,到達配電中心。

輸電網由長長的電纜組成,用來傳送電力。不少電纜設在地面上,用電塔來接駁。有的電纜會藏在地底,連接不同國家和大洲,如由英國生產的電力可輸送給一個位於美國的家庭。

3

發電廠產生的電力會傳送到升壓器,加大電壓(即電力的強度)。

升壓器

配電中心

5

配電中心會降低電壓,然後通過配電網的電纜,把電力供應給附近地區的用戶。

6

低壓電力會傳送到商業大廈和民居。

7

下次當你按下開關前,不妨停一停。想像一下這個舉動會使電燈變成完整電路,讓電力會從遙遠的發電廠出發,進入電燈的電路,最後照亮你家。這就是電力的奇妙旅程。

43

便便 的奇妙 旅程
冲廁後便便會去哪裏？

嗯，每個人都會上廁所，在廁所「辦大事」後當然要沖廁。當便便離開馬桶後，究竟去了哪裏呢？

1

你剛剛沖了廁，現在正在洗手（希望你會洗手啦！）。這時，你的便便正以高速通過大廈旁邊的糞管，流進污水渠。

污水處理廠通常位於市郊，這是因為它佔用的空間大，而且臭氣薰天！

污水處理廠

右圖中的U型聚水器裏會貯存一些水，防止糞管傳出臭氣。

2

污水渠連接着街道下面的公共污水渠，你的便便會在這裏遇上鄰居的大小便，還有其他污水，例如洗碗、洗澡時產生的污水。

泵房

3

污水通過更寬闊的污水渠，流向污水處理廠。期間會利用地心吸力，讓污水向下流。如果要向上流，便須流經泵房，幫助污水保持流動。

11

經處理後的水變得比較清澈乾淨，可以排進河流或大海，進入水的循環系統，然後變成雲和雨。之後會展開怎樣的旅程，翻到第28至29頁便會知道！

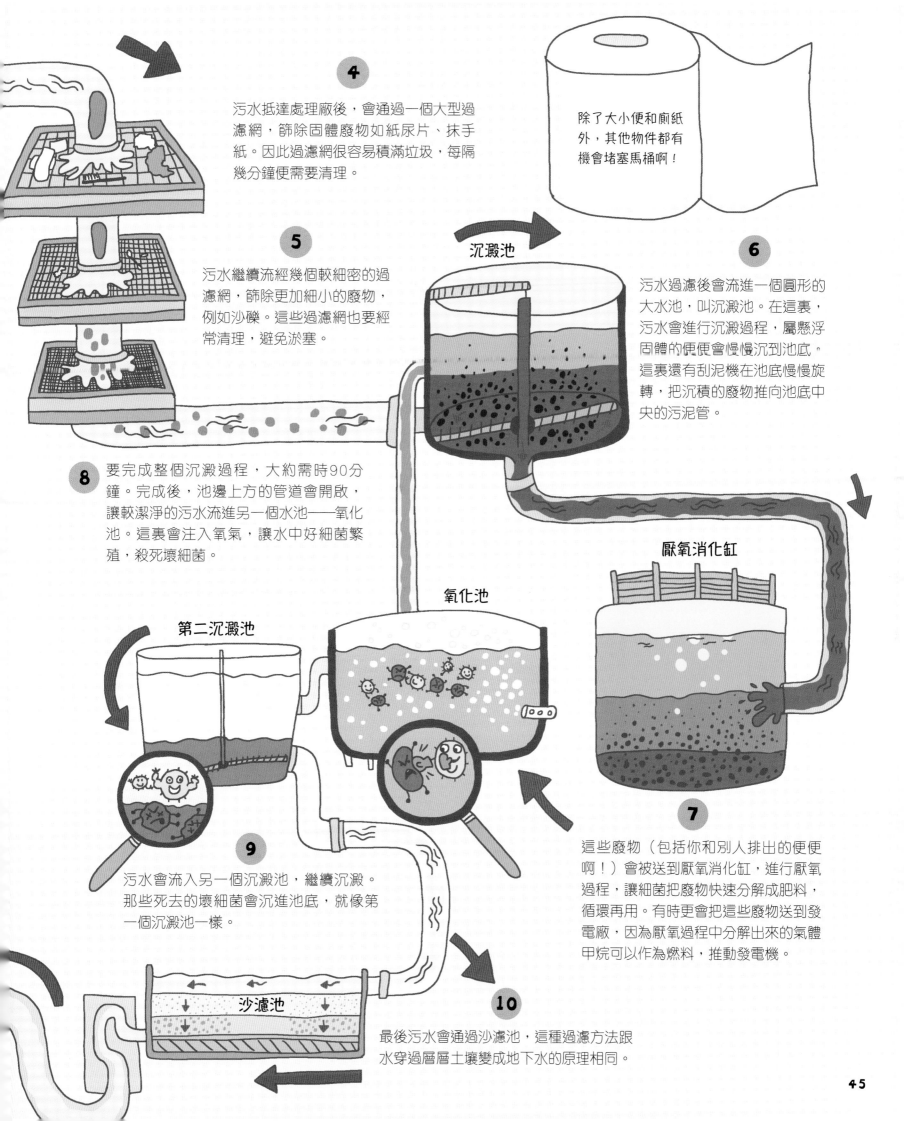

4

污水抵達處理廠後，會通過一個大型過濾網，篩除固體廢物如紙尿片、抹手紙。因此過濾網很容易積滿垃圾，每隔幾分鐘便需要清理。

除了大小便和廁紙外，其他物件都有機會堵塞馬桶啊！

5

污水繼續流經幾個較細密的過濾網，篩除更加細小的廢物，例如沙礫。這些過濾網也要經常清理，避免淤塞。

沉澱池

6

污水過濾後會流進一個圓形的大水池，叫沉澱池。在這裏，污水會進行沉澱過程，屬懸浮固體的便便會慢慢沉到池底。這裏還有刮泥機在池底慢慢旋轉，把沉積的廢物推向池底中央的污泥管。

8

要完成整個沉澱過程，大約需時90分鐘。完成後，池邊上方的管道會開啟，讓較潔淨的污水流進另一個水池——氧化池。這裏會注入氧氣，讓水中好細菌繁殖，殺死壞細菌。

厭氧消化缸

氧化池

第二沉澱池

9

污水會流入另一個沉澱池，繼續沉澱。那些死去的壞細菌會沉進池底，就像第一個沉澱池一樣。

7

這些廢物（包括你和別人排出的便便啊！）會被送到厭氧消化缸，進行厭氧過程，讓細菌把廢物快速分解成肥料，循環再用。有時更會把這些廢物送到發電廠，因為厭氧過程中分解出來的氣體甲烷可以作為燃料，推動發電機。

10

沙濾池

最後污水會通過沙濾池，這種過濾方法跟水穿過層層土壤變成地下水的原理相同。

牛奶的奇妙旅程

從乳牛變成牛奶，當中發生了什麼事？

牛奶來自乳牛，它可以用來製成芝士、牛油和其他乳製品。那麼你有沒有想過牛奶是如何生產的呢？

1

乳牛吃吃喝喝後，身體會製造牛奶。乳牛每天需要飲用接近一個浴缸份量的水，吃大約50公斤的食物，份量幾乎有1,500碗你早餐時吃的麥皮。乳牛愛吃青草、乾草，還有其他營養豐富的農作物。牠們需要兩天左右，才能把食物和其中的營養變成牛奶。

媽媽生孩子後能夠製造人奶，乳牛也一樣。因此乳牛每年都會誕下一隻小牛，這樣之後的10個月便可以不停製造牛奶。

巴斯德消毒系統

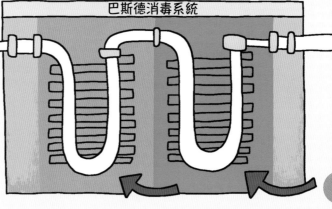

10

這些盒裝牛奶會由大型冷藏貨車運到附近的商店，讓你購買。快把牛奶倒進麥皮，來吃早餐吧！

接着，一塊塊冰凍的金屬板冷卻牛奶。

先把牛奶注入設有一塊塊金屬加熱板的機器30分鐘。

8

巴斯德消毒法就是把原奶加熱，殺死細菌，再立即冷卻，這樣能讓牛奶保存更久。

加熱會影響牛奶的味道，所以加熱的溫度要高，時間卻要短，足以殺死細菌便可。大部分加工廠都會生產「高溫適時法」(HTST) 處理的牛奶，這表示加熱至攝氏72度，並持續15秒。這樣可以保存牛奶的鮮味，也能保存數天。經「超高溫消毒法」(UHT) 處理的牛奶可以存放更久，但味道和鮮奶不同。

9

經消毒和冷卻的牛奶會運到包裝工場，那裏有一條輸送帶運送空的牛奶盒。在盒中注入牛奶後，會熱封牛奶盒，阻隔細菌。

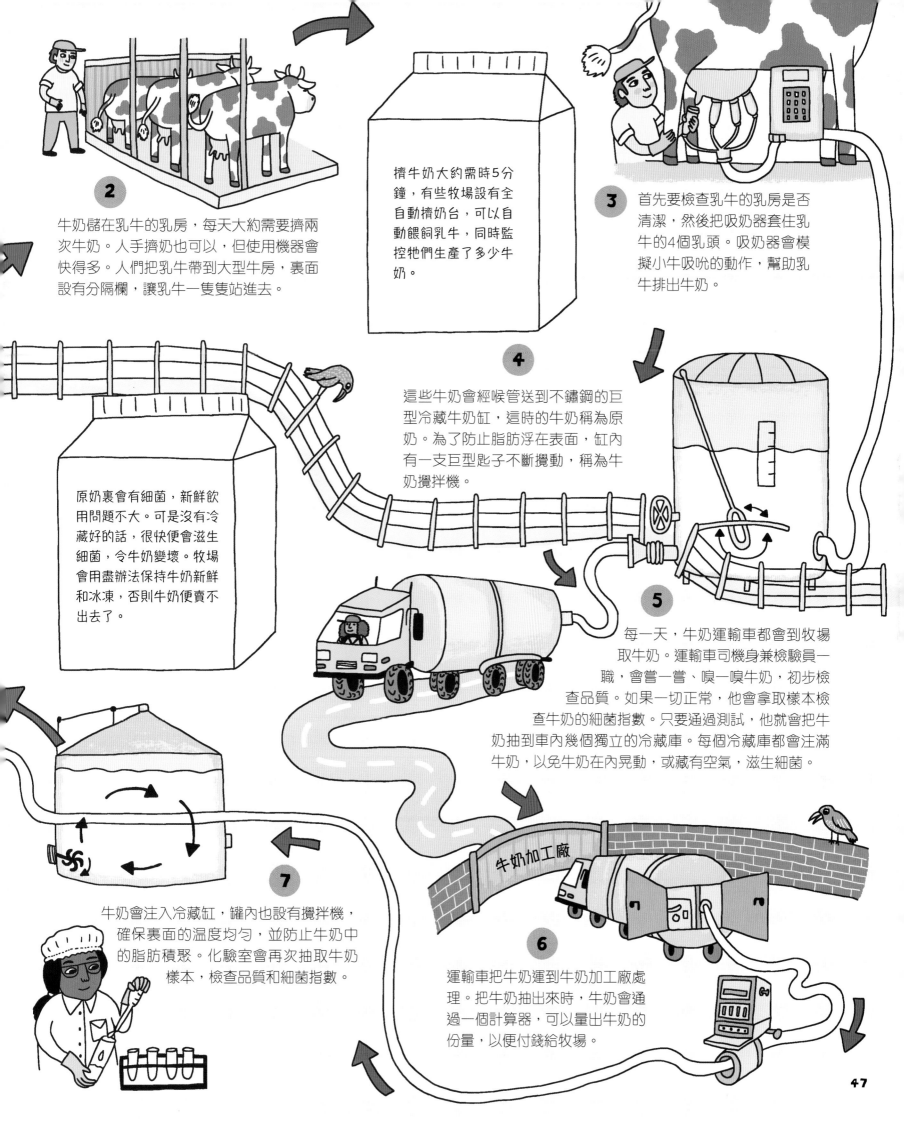

2

牛奶儲在乳牛的乳房，每天大約需要擠兩次牛奶。人手擠奶也可以，但使用機器會快得多。人們把乳牛帶到大型牛房，裏面設有分隔欄，讓乳牛一隻隻站進去。

擠牛奶大約需時5分鐘，有些牧場設有全自動擠奶台，可以自動餵飼乳牛，同時監控牠們生產了多少牛奶。

3

首先要檢查乳牛的乳房是否清潔，然後把吸奶器套住乳牛的4個乳頭。吸奶器會模擬小牛吸吮的動作，幫助乳牛排出牛奶。

4

這些牛奶會經喉管送到不鏽鋼的巨型冷藏牛奶缸，這時的牛奶稱為原奶。為了防止脂肪浮在表面，缸內有一支巨型匙子不斷攪動，稱為牛奶攪拌機。

原奶裏會有細菌，新鮮飲用問題不大。可是沒有冷藏好的話，很快便會滋生細菌，令牛奶變壞。牧場會用盡辦法保持牛奶新鮮和冰凍，否則牛奶便賣不出去了。

5

每一天，牛奶運輸車都會到牧場取牛奶。運輸車司機身兼檢驗員一職，會嘗一嘗、嗅一嗅牛奶，初步檢查品質。如果一切正常，他會拿取樣本檢查牛奶的細菌指數。只要通過測試，他就會把牛奶抽到車內幾個獨立的冷藏庫。每個冷藏庫都會注滿牛奶，以免牛奶在內晃動，或藏有空氣，滋生細菌。

牛奶加工廠

7

牛奶會注入冷藏缸，罐內也設有攪拌機，確保裏面的溫度均勻，並防止牛奶中的脂肪積聚。化驗室會再次抽取牛奶樣本，檢查品質和細菌指數。

6

運輸車把牛奶運到牛奶加工廠處理。把牛奶抽出來時，牛奶會通過一個計算器，可以量出牛奶的份量，以便付錢給牧場。

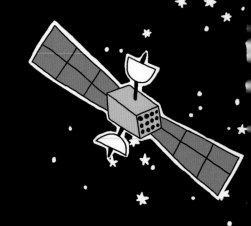

旅程結束

當你看完這本書，
代表你已完成了一個奇妙的旅程。

請你看看這個世界，留意身邊那些你一直以為是理所當
然的事物。當你把一塊巧克力或一條香蕉吃下去時，想一想
它們是從何而來，而在這些東西的製作過程中，運用到什麼
機器、人力、植物，以及各種資源。

如果你有空，不妨思考一下可以怎樣把太空人送上太
空吧！相信那會是另一段奇妙旅程！

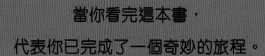